NIVEAU 1

Marée noire

Dominique Renaud

Édition : Brigitte Faucard

Illustrations : Bernard Ciccolini

Direction artistique audio : Anne-Sophie Lesplulier

Enregistrements audio : BÉRYL PRODUCTIONS

Enregistrements audio : Hélène Lamassoure

Conception couverture et mise en page : Christian Blangez

© 2008, SEJER

ISBN : 978-2-09-031478-6

© 2008, Santillana Educación, S.L.

Torrelaguna, 60 – 28043 Madrid

ISBN : 978-84-96597-30-3

L'histoire

1. Observe les illustrations et coche.
Ce livre parle...
a. d'une pollution maritime. ☐
b. d'une famille en vacances à la mer. ☐
c. de la vie des pêcheurs. ☐

2. Entoure les mots que tu peux associer à une marée noire.
sale – bronzer – catastrophe – propre – bénéfique – pétrolier
nocif – contaminer – été – sain

Que sais-tu sur la Bretagne ?

1. Où se trouve la Bretagne ? Coche.
a. À l'ouest de la France. ☐
c. Au nord. ☐
b. À l'est. ☐
d. Au sud. ☐

2. Quels océans et / ou mers touchent les côtes bretonnes ?
Entoure les 2 bonnes réponses.
l'Atlantique – la Méditerranée – la Manche – la Mer du nord
la Mer noire

3. Les habitants de la Bretagne s'appellent les Bretons. De quelle origine sont-ils ? Entoure la bonne réponse.
germanique – slave – celte – ibérique

4. En Bretagne, on parle le français et... entoure la bonne réponse.
le basque – le catalan – le breton – l'occitan

5. Coche l'activité économique la plus importante en Bretagne.
a. l'industrie chimique. ☐
c. la pêche. ☐
b. l'agriculture. ☐
d. l'industrie automobile. ☐

Présentation

Gaël :
il a treize ans.
Sa sœur et lui vivent
en Bretagne,
près de la mer.

Morgane :
elle a onze ans et demi.
Elle aime la mer,
la nature, les animaux.

Gwenn :
c'est un cormoran,
Gaël et Morgane le
sauvent de la mort.

Yann Kervadec :
c'est le père des deux
enfants. Il travaille dans
la Marine nationale.

Océane Kervadec :
c'est la mère de
Morgane et de Gaël.
Elle est professeur
de biologie.

Chapitre 1

Alerte rouge !

Il est dix-sept heures. Nous sommes en Bretagne, au Croisic. C'est une petite ville de sept mille habitants qui possède un joli port de pêche.

Morgane sonne chez le professeur de mathématiques. Elle va prendre un cours particulier.

La porte s'ouvre.

– Oui ?

– Bonjour madame, je suis Morgane, la nouvelle élève.

– Très bien. Mon mari t'attend.

Quelques instants plus tard, un homme d'environ soixante ans apparaît à la porte.

– Bonjour Morgane, tu vas bien ?

– Très bien, monsieur.

– Pas de problème pour trouver l'adresse ?

– Non, je connais bien cette partie de la ville.

Le Croisic : petite ville située en Bretagne (à l'Ouest de la France), qui possède un port de pêche : c'est là que les bateaux de pêche arrivent et que les pêcheurs déchargent leurs marchandises.

sonner (à la porte de quelqu'un) : appuyer sur un appareil (interphone, sonnette) pour signaler sa présence.

environ : plus ou moins.

– Viens, on va s'installer dans le salon. C'est là que je fais mes cours… Dis-moi, Morgane, pourquoi tu veux prendre des cours de maths ? Tu n'as pas de bonnes notes ?

Morgane s'installe sur une chaise, pose son cartable sur la table et observe discrètement la pièce. Puis elle sort un cahier et une trousse.

– J'ai **dix** de moyenne. Papa dit que ce n'est pas suffisant.

– Tu es en sixième, n'est-ce pas ?

– Oui.

– Tu as quel âge ?

– Onze ans et demi.

– Tu as un frère, une sœur ?

– Un frère. Il s'appelle Gaël. Il a treize ans.

– Et lui, il est bon en maths ?

– Oui ; mais il ne veut pas m'aider !

– Et tes parents ?

– Oh, papa est ingénieur. Il travaille dans la Marine nationale. Mais il est nul comme prof !

– Et ta maman, elle travaille ?

– Oui, elle est professeur de biologie. Elle rentre tard à la maison et elle n'a pas le temps de m'aider à faire mes devoirs…

– Je comprends… Bien. On commence ?

J'ai dix de moyenne : la somme de toutes les notes d'un élève divisée par le nombre des notes est la moyenne. En France, on note sur 20.

Morgane s'installe sur une chaise, pose son cartable sur la table et observe discrètement la pièce.

– Oui, monsieur.

– Je m'appelle François. Tu peux me tutoyer.

– D'accord, François.

– Tu as une leçon pour cette semaine ?

– Les divisions. On a aussi un exercice.

– Tu me montres l'exercice ?

– C'est à la page 25 de mon livre. Le numéro quatre.

Le professeur lit à haute voix l'énoncé :

– « *Dans un collège, il y a 162 élèves inscrits en 6ᵉ. Combien le professeur d'éducation physique peut-il former d'équipes de basket de 5 élèves ? Combien d'élèves ne pourront pas jouer au basket ? Combien peut-il former d'équipes de football de 11 élèves ? Combien d'élèves ne pourront pas jouer au football ?* »

Il demande à Morgane.

– Tu comprends le problème ?

– Euh… oui…

– Tu as des difficultés avec les divisions ?

– Les divisions à un chiffre, ça va ; mais à deux chiffres, c'est dur !

– Bon, ce n'est pas compliqué. Je t'explique puis on fait l'exercice ensemble.

---

tutoyer (quelqu'un) : utiliser « tu » pour parler à quelqu'un et pas « vous ». Normalement, un enfant emploie « tu » pour parler à ses amis et aux personnes de sa famille, mais « vous » pour les adultes.

dur : ici, difficile.

ensemble : l'un avec l'autre.

Brusquement, un cri :
– François ! François !

Un quart d'heure plus tard :

– C'est bien, Morgane. Tu comprends vite. Tu essayes de faire un autre exercice ?

– D'accord.

– « *Un fermier a 332 œufs. Combien de boîtes de 6 œufs peut-il remplir ? Combien de boîtes de 12 œufs peut-il remplir ?* »

Brusquement, un cri :

– François ! François !

C'est la femme du professeur.

– Qu'est-ce qui se passe ?

– C'est terrible. À la radio, ils disent qu'il y a une marée **noire au large du** Croisic ! Ils parlent d'une catastrophe maritime.

– Mon Dieu ! s'exclame le mari. Ils donnent des précisions ?

– Non. Pas pour le moment.

– Va **prendre des nouvelles** en ville. Prends ton téléphone. Je finis mon cours avec Morgane et on **se retrouve** près du port.

– D'accord.

Le professeur et Morgane se regardent. Une marée noire, c'est grave…

– Mon père ne va pas être content ! s'exclame Morgane.

> **au large du (Croisic)** : le large, c'est la haute mer ; ici, cela veut dire que la marée noire est en mer, en face et près du Croisic.
>
> **prendre des nouvelles** : s'informer.
>
> **se retrouver** : se réunir.

1. Entoure la bonne réponse.

a. Le Croisic se trouve *en Provence – en Savoie – en Bretagne.*

b. Cette petite ville possède *un port de pêche – une station de ski.*

2. Coche vrai ou faux puis corrige les phrases inexactes.

                                                              V F

a. Morgane a 13 ans.   ☐ ☐

b. Elle a un frère.   ☐ ☐

c. Son père travaille dans la Marine nationale.   ☐ ☐

d. Sa mère ne travaille pas.   ☐ ☐

e. Morgane va prendre des cours d'anglais chez François. ☐ ☐

f. Elle a de très bonnes notes en mathématiques.   ☐ ☐

3. Coche la bonne réponse.

a. À la radio, la femme de François entend une mauvaise nouvelle :

   1. Il y a une inondation dans la région.   ☐

   2. Il y a une marée noire.   ☐

b. Morgane et François savent qu'une marée noire...

   1. c'est grave.   ☐

   2. ce n'est pas très important.   ☐

c. Pour avoir des précisions sur ce qui se passe, la femme de François...

   1. cherche sur Internet.   ☐

   2. va en ville.   ☐

La jeune fille se frotte les yeux, regarde l'heure.

Chapitre 2

Marée noire

– Morgane, lève-toi !

C'est la voix de Gaël.

– Qu'est-ce qui se passe ? demande Morgane.

La jeune fille se frotte les yeux, regarde l'heure. Sept heures cinq. Elle a sommeil. Le week-end, elle fait la grasse matinée.

Brusquement, elle se souvient : son cours d'hier, François, la catastrophe annoncée à la radio, et le coup de téléphone de sa mère chez son professeur : « Morgane, je passe te chercher : la ville est en alerte, ma chérie. Un pétrolier se trouve actuellement tout près des plages ; il a une avarie… le pétrole se répand dans la mer. »

Sa mère entre dans la chambre.

– Vous avez des nouvelles de papa ? demande Morgane, maintenant préoccupée.

---

elle a sommeil : elle veut dormir un peu plus.

elle fait la grasse matinée : elle se lève tard, elle reste au lit longtemps.

un pétrolier : bateau équipé pour transporter du pétrole.

tout : ici, extrêmement, très.

une avarie : accident qui se produit sur un bateau.

se répandre : ici, tomber.

– Il est en mer, sur un bateau de la Marine nationale. Il surveille le pétrolier.

La mer, les enfants la voient chaque jour. Ils se promènent sur la plage, ils se baignent ou ramassent des moules. Parfois aussi, ils regardent simplement les bateaux qui filent sous le vent.

– Tu viens avec nous ? demande son frère. On va voir la plage avec maman…

– La plage ?

– Oui. J'espère qu'il n'y a pas de mazout sur les rochers !

La plage se trouve à cinq minutes à pied. Morgane se lève et regarde par la fenêtre de sa chambre. Le ciel est clair, mais il n'y a pas un seul oiseau. C'est curieux ! Normalement, à cette heure-là, les mouettes sont très bruyantes. Mais aujourd'hui, c'est le silence, un silence inquiétant !

– Habille-toi vite, dit sa mère. Je prépare le petit-déjeuner. Dans vingt minutes, on part. Et n'oublie pas tes bottes, tes gants et un ciré.

surveiller : contrôler.
ramasser : ici, prendre.
une moule : mollusque comestible qui a une coquille noire.
parfois : de temps en temps.
filer : aller vite.
le mazout : liquide noir, épais et visqueux, qui vient du pétrole et qui sert de combustible.
un rocher : grand bloc de pierre.
une mouette : oiseau de taille moyenne, aux plumes blanches et grises, qui vit au bord de la mer et qui a un cri strident.
bruyant(e) : qui fait du bruit, contraire de *silencieux*.
un ciré : vêtement imperméable. *Le marin met son ciré jaune.*

– Mon Dieu ! dit Océane, les larmes aux yeux.

À sept heures trente, Océane et ses deux enfants sortent de la maison. Ils avancent sur le chemin qui conduit directement à la plage. Océane marche vite. Elle est inquiète.

Enfin la plage apparaît.

– Mon Dieu ! dit Océane, les larmes aux yeux.

Les deux enfants restent là, immobiles, et observent cette plage qu'ils ne reconnaissent pas. Ils sont incapables de parler ; ils veulent crier. La mer est noire. La plage aussi est noire. Il y a de grosses taches sur le sable et une horrible odeur. Ce n'est pas l'odeur des algues qui parfume l'air des plages de Bretagne. C'est l'odeur du bitume des grandes villes.

– C'est un vrai désastre, soupire Océane.

– C'est une véritable catastrophe, dit Gaël.

inquiet(ète) : préoccupé(e).

une larme : goutte de liquide transparent et salé qui apparaît dans les yeux quand on est triste et qu'on pleure.

une tache : marque sale. *Tu as une tache de sauce tomate sur ton pull.*

le bitume : asphalte, pâte noire et visqueuse qui recouvre les rues, les trottoirs des villes.

Les marées noires, il sait ce que c'est : dans sa classe, il y a des photos de plages toutes noires, d'oiseaux morts. Des dizaines d'hommes et de femmes nettoient le sable recouvert de mazout. Son père dit que les marées noires peuvent tuer les animaux, les petits comme les grands.

Tous trois contemplent le triste spectacle. Sur la mer, flottent des petites boules noires. D'autres sont sur le sable et forment les taches sombres.

– C'est horrible ! murmure Morgane.

Elle pense à l'exposé qu'elle prépare pour le cours de SVT. Elle travaille précisément sur la catastrophe du pétrolier Amoco-Cadiz : en 1978, il fait naufrage au large des côtes de Bretagne ; tout son pétrole se répand dans la mer ; trente mille oiseaux et deux cent trente mille tonnes d'animaux et de plantes disparaissent. Et maintenant, c'est la même chose devant chez elle !!!

– Tu crois que les animaux vont mourir ?

– Beaucoup sont déjà morts ; les moules, par exemple.

– Et que dit la météo marine ?

– Du vent, répond Océane. Beaucoup de vent pour aujourd'hui et demain. Force 8 à 9.

nettoyer : laver.
tuer : provoquer la mort.
un exposé : petit travail écrit fait à l'école sur un thème précis (la pollution, les catastrophes écologiques...). Il est ensuite présenté oralement.
SVT : matière scolaire : Sciences de la Vie et de la Terre.
faire naufrage : pour un bateau, cesser de flotter et tomber au fond de la mer.
une tonne : unité de poids : 1000 kg.

– Regardez ! Là, sur le rocher ! dit Morgane.

Morgane et Gaël se regardent un instant. Ils savent que le vent apporte les nappes de pétrole sur les côtes.

Brusquement, Morgane, livide, montre quelque chose.

– Regardez ! Là, sur le rocher !

Gaël tourne la tête et voit, sur un rocher, un grand oiseau noir, immobile comme une statue. Ses plumes sont couvertes de pétrole.

– C'est un cormoran.

– Viens, on va le chercher !

– Non, Morgane, dit sa mère, il ne faut pas le toucher. C'est dangereux.

– Mais, j'ai mes gants. Si on le laisse là, il va mourir !

– Ce n'est pas suffisant, dit Océane. J'appelle les sauveteurs. Ils sont équipés pour ça.

Océane prend son téléphone, compose un numéro.

– Allô, le centre vétérinaire…

> une nappe (de pétrole) : grande étendue, surface (de pétrole).
> livide : très blanc(che).
> il faut : il est nécessaire.
> dangereux : nocif.
> un sauveteur : personne qui va au secours des gens qui sont dans une situation difficile (en mer, en montagne…).

1. Qui parle ?

a. Morgane, lève-toi ! ....

b. Vous avez des nouvelles de papa ? ....

c. Il surveille le pétrolier. ....

d. On va voir la plage avec maman. ....

e. Dans vingt minutes, on part. ....

2. Complète le texte avec : *désastre, taches, plage, odeur, noire.*

Morgane et Gaël observent la ...... C'est un vrai ...... La mer est ...... Il y a de grosses ...... sur le sable et une horrible ......

3. Trouve, page 16, deux phrases qui montrent les conséquences d'une marée noire.

a. ....

b. ....

4. Face au spectacle de la mer, comment se sentent Océane et ses enfants ? Entoure les bonnes réponses.

tristes – optimistes – préoccupés – tranquilles

5. Coche la bonne réponse.

a. Qu'est-ce que Morgane voit sur un rocher ?

1. Un dauphin couvert de pétrole. ☐

2. Un cormoran couvert de pétrole. ☐

b. Ils vont...

1. l'envoyer au centre vétérinaire. ☐

2. le garder chez eux. ☐

Chapitre 3

La tempête menace

Une fois à la maison, Océane allume la radio, sur la station locale. C'est l'heure des informations. Le journaliste parle d'un pétrolier et d'une marée noire, au large des côtes bretonnes. Les conditions météorologiques ne sont pas bonnes : un vent d'ouest de force 7 et des vagues de trois mètres. Deux hélicoptères de la Marine nationale surveillent le pétrolier. Des canots de sauvetage et un remorqueur se dirigent vers lui. Le journaliste parle aussi d'une énorme tache d'huile qui, à cause du vent, recouvre les rochers et trois plages du littoral breton.

Océane est triste. « Les hommes sont fous, se dit-elle. Ils ne comprennent pas que la mer nous fait vivre. »

les informations : nouvelles (sur la politique, le sport...) données à la radio, à la télévision...

un journaliste : personne qui donne les nouvelles à la radio ou à la télévision.

une vague : mouvement de va-et-vient que fait l'eau dans la mer. *Quand je me baigne dans la mer, j'adore sauter dans les vagues.*

un canot de sauvetage : petit bateau léger utilisé pour aider les gens qui ont des problèmes quand ils naviguent.

un remorqueur : petit bateau au moteur puissant qui peut tirer un gros bateau en difficulté et le conduire au port.

– Et maintenant, qu'est-ce qu'on fait ? demande son fils.

– Moi, je prends une douche, dit Morgane.

Mais elle est interrompue par la voix de son père.

– Salut les enfants !

– Papaaa !

Le père de Morgane prend sa fille dans ses bras.

– Comment vas-tu, ma grande ?

– Mal. Impossible d'aller à la plage. Elle est noire et très sale. Gaël dit que des milliers d'oiseaux vont mourir à cause du pétrole.

– C'est possible. C'est une triste nouvelle pour tout le monde, tu sais !

– Yann, quel est ton programme ? demande sa femme.

– Je repars dans une heure. La Marine nationale est en alerte maximum et La Marine britannique, la Royal Navy, vient nous aider…

– Dis, papa, coupe Morgane. Tu crois que le centre vétérinaire peut sauver les oiseaux victimes du pétrole ?

– Naturellement, ils ont tous les moyens pour le faire. Pourquoi cette question ?

– C'est pour un cormoran qui est là-bas depuis ce matin. Et comment ils font pour nettoyer les plumes des oiseaux ?

---

sale : contraire de *propre. J'ai des taches de chocolat sur mon pantalon. Il est sale maintenant.*

depuis : à partir de.

À cet instant, le téléphone portable de Yann sonne.

– Avant tout, le vétérinaire prépare un mélange d'eau, de sucre et de sel et le fait boire à l'oiseau. Puis il nettoie ses plumes au détergent.

– Pouah ! les pauvres !

– En effet, ce n'est pas agréable. Mais c'est le seul moyen de les garder en vie.

À cet instant, le téléphone portable de Yann sonne.

– Allô ? Oui… Oui, c'est moi... Qu'est-ce que vous dites ?... Bon, bon. Très bien. J'arrive.

pouah ! : mot qui exprime la répulsion.

– Qu'est-ce qui se passe ? demande Océane.

– Le navire vient de se casser en deux. Vingt-six marins sont à bord et il y a trente mille tonnes de fioul dans les soutes !

Yann n'a pas le temps de se reposer. Il prend les clés de sa voiture, embrasse sa femme et ses enfants et sort. Océane le regarde partir avec inquiétude. Elle a peur d'une catastrophe. La radio parle de six kilomètres de côtes contaminées ; et c'est seulement le début !

Depuis cet après-midi, à l'entrée de la plage, il y a une pancarte : « Accès interdit pour cause de pollution ». Les journaux, la radio, la télévision, Internet, tous les médias parlent de la marée noire. C'est la troisième marée noire en France depuis vingt-cinq ans. Les Bretons, et surtout les pêcheurs, sont furieux ; à la radio, ils disent qu'il faut mettre les responsables en prison.

∗ ∗ ∗

Yann est de nouveau sur le bateau de la Marine nationale. Après vingt-quatre heures de travail intense, il porte les traces de la fatigue.

---

se casser : se rompre.
le fioul : mazout.
une soute : partie d'un bateau où on met les marchandises.
un début : commencement.
interdit : qui n'est pas autorisé.
la pollution : contamination.
un Breton : habitant de la Bretagne.
une trace : marque.

À l'entrée de la plage, il y a une pancarte :
« Accès interdit pour cause de pollution ».

Une tasse de café à la main, il parle de la situation avec les hommes de l'équipage du bateau. Le ciel est gris et le vent souffle très fort. Les opérations de secours sont difficiles. Près du pétrolier, de grands barrages flottants empêchent le pétrole de s'étendre dans la mer et un bateau récupère les petites boules noires.

À ce moment, le commandant entre dans la cabine.

– Messieurs, mauvaise nouvelle : une tempête se prépare avec un vent de force 9.

– Quels sont les ordres, mon commandant ?

– On reste. Il faut continuer le travail.

Un quart d'heure plus tard, une très forte pluie commence à tomber et la tempête se lève.

un **équipage** : personnes chargées de faire fonctionner, avancer un bateau.

un **barrage** : barrières de protection.

un **commandant** : personne qui dirige, donne les ordres sur un bateau.

Il fait nuit. La mer est mauvaise. Dans sa cabine, Yann compte les minutes, puis les heures.

* * *

À quelques kilomètres de là, Océane et les enfants attendent. Ils sont tous les trois dans la cuisine, assis autour de la table, devant une soupe de poisson. Ils écoutent la radio parce que, à cause de la tempête, ils ne captent ni Internet ni la télévision. Ils attendent des nouvelles de la marée noire. De temps en temps, il y a de brèves coupures d'électricité.

– Pourquoi papa ne nous appelle pas sur son portable ? demande Morgane, son corps appuyé contre le bras de sa mère.

– Parce qu'il ne peut pas, ma chérie. Les conditions météo sont très mauvaises.

– Tu crois qu'il est encore sur le bateau ?

– Oui. Mais je suis tranquille : ton père et l'équipage sont en sécurité.

Puis Morgane murmure :

– Et l'oiseau, tu penses qu'il est mort ?

– Non, les vétérinaires font tout pour le sauver, crois-moi...

---

une coupure (d'électricité) : interruption (du courant électrique).

encore : indique qu'une action, un état continue.

ils sont en sécurité : ils ne sont pas en difficulté, ils vont bien.

1. Coche les bonnes réponses.

À la radio, le journaliste dit que...

a. les conditions météorologiques sont bonnes. ☐

b. il y a un vent de force 7. ☐

c. la Marine nationale n'intervient pas. ☐

d. une énorme tache d'huile recouvre
trois plages du littoral breton. ☐

**2. À l'aide du texte, complète la réponse à la question
de Morgane :** *Comment ils font pour nettoyer les plumes
des oiseaux ?*

Le ...... prépare un mélange d'eau, de ...... et de ...... et le fait
boire à l'...... Puis il nettoie ses plumes au ......

3. Coche la bonne réponse.

a. Pourquoi Yann doit repartir très vite ?

1. Un autre navire perd son fioul. ☐

2. Le navire vient de se casser. ☐

b. Quelle nouvelle donne le commandant ?

1. Une tempête se prépare. ☐

2. Le temps sera beau. ☐

4. Relie les personnes aux phrases.

1. Messieurs, mauvaise nouvelle...

a. Yann ● **2.** Et l'oiseau, tu penses qu'il est mort ?

b. Morgane ● **3.** Non, les vétérinaires font tout pour

c. Le commandant ● le sauver.

d. Océane ● **4.** On reste. Il faut continuer le travail.

5. Le navire vient de se casser en deux.

6. Quels sont les ordres ?

Gaël, lui, ne dit pas un mot. Il ne mange pas. Il ne se sent pas bien.

Chapitre 4

Morgane fait un cauchemar

Océane essaie de parler d'autre chose que la marée noire pour changer les idées de tout le monde. Mais c'est difficile.

Gaël, lui, ne dit pas un mot. Il ne mange pas. Il ne se sent pas bien.

– Ça ne va pas ? lui demande sa mère.

– Non, j'ai mal à la tête. Je crois que j'ai aussi de la fièvre.

Sa mère pose la main sur son front.

– Mon Dieu ! Mais tu es brûlant ! On va aller chez le médecin.

– Chez le médecin ? Avec cette tempête ? Oh, non ! soupire Gaël.

– Si je vais lentement, nous sommes chez lui dans vingt minutes.

---

un cauchemar : un mauvais rêve. *Quand mon fils dort, il fait parfois des cauchemars, il voit des monstres, des êtres fantastiques...*
brûlant : très chaud.

Avant de partir, Océane prend la température de son fils et lui donne un verre d'eau avec deux comprimés.

Dehors, la pluie tombe très fort ; au loin, le tonnerre gronde.

– Maman, on peut attendre demain. Ce n'est pas prudent…, dit Gaël qui a peur de l'orage.

– Ne t'inquiète pas. Je connais bien la route.

– Mais par ce temps, la visibilité est mauvaise, insiste Gaël.

Océane regarde son fils. Il a raison : sortir à cette heure et par ce temps, ce n'est pas très indiqué. Mais cette migraine et cette fièvre subites ne sont pas normales.

– Tu ne peux pas rester ainsi, toute la nuit, avec quarante de fièvre. Allez, en route, les enfants !

Ils montent tous les trois dans la voiture qui est dans le garage. Les enfants sont à l'arrière ; Gaël frissonne sous une couverture.

Ils sont bientôt sur la route principale qui conduit au Croisic. La voiture roule à cinquante à l'heure. Océane a le

---

un comprimé : médicament en forme de pastille : aspirine, par exemple.

le tonnerre : pendant une tempête, il y a parfois de l'**orage** : perturbation atmosphérique violente, caractérisée par des phénomènes électriques comme le **tonnerre** (sorte de détonation) ou les **éclairs** (lumières intenses et courtes).

une migraine : mal de tête très fort, violent.

frissonner : avoir de petits tremblements (convulsions) accompagnés d'une sensation de froid. La fièvre donne des frissons.

une couverture : pièce de laine qu'on met sur un lit pour avoir chaud.

Brusquement, un éclair illumine le ciel.

nez collé contre le pare-brise pour pouvoir suivre la route. Les enfants ne disent pas un mot.

Brusquement, un éclair illumine le ciel.

– Attention ! crie Morgane.

Un arbre tombe devant la voiture. Ça fait un bruit impressionnant. Impossible de continuer ! Océane arrête la voiture, pétrifiée. Derrière, silence de mort. Tous les trois pensent la même chose : une seconde plus tôt et…

L'arbre se trouve à un mètre de la voiture, couché sur la route. Océane se reprend. Vite, le portable ! Elle appelle les secours.

– Impossible, le téléphone ne fonctionne pas, s'exclame-t-elle. Bon, demi-tour, on rentre. Il n'y a pas d'autre solution. Je te donne des médicaments pour dormir, et on attend demain matin.

* * *

se reprendre : se remettre (de ses émotions), retrouver sa tranquillité, son sang-froid.

les secours : personnes qui viennent aider les gens en difficulté.

demi-tour (faire) : revenir d'où on vient, rentrer à la maison.

Il est minuit. La petite famille est au lit mais Océane ne peut pas dormir. Elle pense à la scène de l'arbre. Une seule seconde peut changer une vie entière.

Et elle se souvient de la question posée par Morgane cet après-midi :

« Pourquoi les hommes tuent les animaux et les végétaux de cette manière !? »

– Parce qu'ils oublient que toutes les vies ont une valeur. Tu sais, je dis souvent à mes élèves que nous vivons grâce aux arbres : les arbres aident les nuages à se former, et les nuages apportent la pluie. La pluie permet aux légumes de pousser et ainsi, nous pouvons nous alimenter.

Mais pour l'instant, Morgane dort. Elle fait un rêve : son frère et elle sont en vacances. Ce matin, il fait beau. Elle est contente. Elle a envie de partir à la plage, de ramasser des moules, de faire un pique-nique sur les rochers. Elle va dans la chambre de Gaël, s'approche de son lit pour le réveiller. Mais que se passe-t-il ? Gaël est très pâle. Elle l'appelle, il ne répond pas... elle s'approche un peu plus, le touche... Mon Dieu ! Son corps est froid. Il est... Il est...

– Maman ! Maman ! crie Morgane.

Sa mère entend les cris de sa fille et court dans sa chambre.

– Qu'est-ce qui se passe, ma chérie ?

souvent : fréquemment.

pousser : ici, être plus grand.

pâle : blanc.

– Je ne veux pas laisser mourir les animaux !

Morgane est assise dans son lit, le corps en sueur.

– Un cauchemar ! gémit Morgane. Un horrible cauchemar. Où est Gaël ?

– Mais dans son lit, ma chérie. Il dort. Allons, calme-toi et essaie de dormir. Demain, une dure journée nous attend. D'abord, le médecin, pour Gaël. Et après, si c'est possible, je veux aider à nettoyer la plage.

– Moi aussi !

– Tu ne peux pas, Morgane ; le pétrole, c'est nocif.

– Je m'en fiche ! Je veux venir, tu m'entends, je veux sauver des animaux !

Des larmes coulent sur ses joues.

– Je ne veux pas laisser mourir les animaux !

– Mais ce n'est pas de ta faute, Morgane !

– Si ! C'est de notre faute à tous.

Océane prend sa fille dans ses bras. Elles restent ainsi un long moment, sans parler puis, réconfortées, elles s'endorment ensemble.

> la sueur : liquide secrété par la peau quand on a très chaud, peur...
>
> je m'en fiche ! (fam.) : peu importe.
>
> ce n'est pas de ta faute : tu n'es pas responsable.

1. Entoure la bonne réponse.

a. Gaël a *mal à la tête – mal au ventre.*

b. Sa mère *lui donne un verre de lait –* décide d'aller chez le médecin.

c. Ils partent *en ambulance – dans la voiture d'Océane.*

d. Ce soir-là, *la nuit est belle et claire – il y a de l'orage.*

e. Sur la route, *Océane voit un accident – un arbre tombe devant la voiture.*

f. Océane veut appeler *les secours – son mari.*

g. Elle décide *de rentrer chez elle – de prendre une autre route.*

2. Le cauchemar. Remets les phrases dans l'ordre.

a. Morgane est assise dans son lit, le corps en sueur.

b. La mère et la fille s'endorment ensemble.

c. Morgane fait un cauchemar.

d. Océane court dans la chambre de Morgane.

e. Océane entend sa fille crier.

3. Qui dit quoi ? Relie.

    ● **1.** Mon Dieu ! Mais tu es brûlant !

a. Gaël ● ● **2.** Je crois que j'ai aussi de la fièvre.

    ● **3.** On peut attendre demain.
       Ce n'est pas prudent.

b. Océane ● ● **4.** Demi-tour, on rentre.

    ● **5.** Le pétrole, c'est nocif.

c. Morgane ● ● **6.** Je veux sauver des animaux.

    ● **7.** Ce n'est pas de ta faute.

Chapitre 5

Du travail en perspective !

Le **lendemain** matin. Le portable d'Océane sonne.

– Allô, chérie ? C'est moi, Yann. Comment ça va ?

– Pas très bien. Gaël est malade.

– Qu'est-ce qu'il a ?

– Une infection respiratoire.

– C'est grave ?

– J'espère que non mais le médecin dit qu'il **doit** aller à l'hôpital et rester un jour ou deux en observation.

– Comment est-il en ce moment ?

– Il dort dans sa chambre. Il a de la fièvre, mais moins que cette nuit.

– Et Morgane ?

– Ça va. Je prépare le déjeuner. Après, nous nous douchons et nous partons à l'hôpital.

– Fatiguée, j'imagine ?

– Énormément.

le lendemain : le jour suivant.

devoir : être dans l'obligation de. *Je dois, tu dois, il doit.*

Océane ne parle pas de l'accident de la nuit dernière à son mari. Elle préfère attendre son retour.

– Tu reviens quand ? demande-t-elle.

– Je retourne à terre en fin d'après-midi.

– Et la marée noire, comment ça évolue ?

– C'est triste à voir. Il y a encore beaucoup de pétrole autour de nous. Les poissons meurent par manque d'oxygène. Les habitants des environs, les pompiers commencent à nettoyer les plages ; ils ramassent les oiseaux couverts de mazout. On les envoie au centre vétérinaire de Nantes. Par centaines... Un vrai désastre ! Qu'est-ce qu'ils disent aux informations ?

– Les pêcheurs ne peuvent pas sortir. Les habitants sont en colère. Ils parlent d'une catastrophe touristique pour cet été. C'est comme pour la tragédie de l'*Erika*, dit Océane.

Yann repense à cette funeste année 1999 : vingt mille tonnes de mazout dans la mer, quatre cents kilomètres de côtes polluées, du Finistère à la Vendée. Il pense aussi au

meurent : présent de l'indicatif du verbe *mourir*.

le manque (de quelque chose) : carence, pénurie.

les habitants des environs : personnes qui habitent près du lieu de la catastrophe.

un pompier : personne qui combat les incendies et intervient pour aider les personnes en danger. *Il y a le feu, appelons les pompiers.*

en colère : furieux, très irrité.

l'Erika : le 12 décembre 1999, le bateau *Erika*, pris dans une tempête, se coupe en deux, au large de la Bretagne.

le Finistère, la Vendée : le Finistère est situé à l'extrême ouest de la Bretagne ; la Vendée se trouve sur la côte atlantique, à 400 km au sud du Finistère.

Les habitants des environs, les pompiers
commencent à nettoyer les plages.

naufrage d'un autre pétrolier, le *Prestige*, au large des côtes espagnoles, en 2002. Toujours le même spectacle, la même tristesse, la même colère des habitants.

— Ne t'inquiète pas, ma chérie, dit-il à sa femme après quelques secondes de silence. On fait l'impossible.

— Je t'embrasse. À tout à l'heure, dit sa femme d'un ton triste.

* * *

Yann ferme son téléphone, monte sur le pont du bateau. Il a envie de prendre l'air. Le ciel est bleu, la mer est calme. Il n'y a pas de vent. Il contemple l'horizon. Des mouettes volent dans le ciel. Le bateau se dirige vers le port ; un autre arrive sur les lieux du naufrage pour faire le même travail.

Une heure plus tard, Yann est enfin à terre. Il est inquiet pour son fils. Il décide d'aller à l'hôpital.

À l'accueil, il demande quelle est la chambre de Gaël.

— C'est la 207, monsieur.

Il prend l'ascenseur et arrive devant la chambre. La porte est ouverte. À côté du lit, il y a Morgane, sa femme, et un docteur.

— Bonjour tout le monde.

— Oh, papa !

---

le pont (d'un bateau) : dans un bateau, les passagers montent sur le pont pour observer la mer, se promener...

avoir envie de : désirer.

l'accueil : lieu où un employé reçoit et informe les visiteurs (dans une entreprise, un musée, un hôpital...).

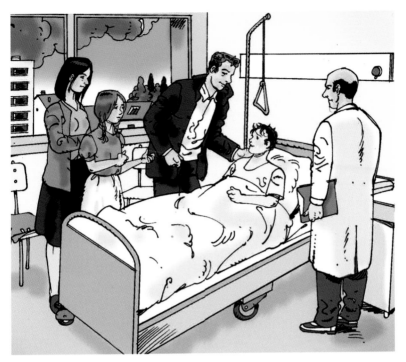

– Alors, Gaël, ça va ?

Morgane court embrasser son père. Puis Yann s'approche de son fils.

– Alors, Gaël, ça va ?

– Oui, je me sens mieux. Mais ils vont me faire des analyses. Je sors demain matin.

– Ne vous inquiétez pas, dit le médecin. Je fais des examens complémentaires, par précaution. Gaël a une pneumonie. Avec des antibiotiques et du repos, il va guérir vite.

Yann ne peut pas rester. Dans le couloir, il explique à sa femme :

un examen (médical) : différents tests pour évaluer la santé de quelqu'un : analyse de sang, radiographie...
guérir : être de nouveau en bonne santé.

– Je dois travailler sur la plage. Tu peux rester ici avec les enfants ?

– Morgane peut aller avec toi...

– Je préfère dire à Morgane que je vais à une réunion : elle ne peut pas aider, ce n'est pas prudent.

– OK. Tu as raison.

– Qu'est-ce que c'est, ces petits secrets ? demande Morgane.

– Ce ne sont pas des secrets : j'explique à maman que j'ai une réunion.

– Et nous, qu'est-ce qu'on fait ?

– Vous restez avec Gaël. On se voit ce soir, à la maison.

COMPRENDRE

1. Vrai ou faux ?

                                                  V F

a. Océane n'a pas de nouvelles de Yann. ☐ ☐

b. Morgane a une infection respiratoire. ☐ ☐

c. Ils vont aller à l'hôpital. ☐ ☐

d. Océane ne parle pas de l'accident à son mari. ☐ ☐

2. Fais correspondre le début avec la fin des phrases.

a. Les poissons meurent   **1.** commencent à nettoyer.

b. Les pompiers   **2.** couverts de mazout.

c. Les pêcheurs   **3.** par manque d'oxygène.

d. Les habitants sont   **4.** ne peuvent pas sortir.

e. Ils ramassent les oiseaux   **5.** en colère.

3. Complète avec : côtes, Vendée, quatre cents, Erika, Prestige, naufrage, Finistère.

Yann et Océane se rappellent deux tragédies.

a. L'une, en 1999 : la tragédie de l'...... qui provoque la pollution de ...... kilomètres de côtes, du ...... à la ......

b. L'autre, en 2002 : le ...... du pétrolier le ...... au large des ...... espagnoles.

4. Entoure la bonne réponse.

a. Quand il arrive à terre, Yann *rentre chez lui – va directement à l'hôpital.*

b. Gaël a *la grippe – une pneumonie.*

c. Son état de santé *s'améliore – va mal.*

d. Yann va travailler sur la plage *avec Morgane – sans Morgane.*

*Trois mois plus tard, les habitants de la région
continuent de nettoyer les plages.*

Chapitre 6

L'hôpital des animaux

Trois mois plus tard, les habitants de la région continuent de nettoyer les plages. Et aussi des bénévoles venus d'autres régions. Les uns travaillent à la main ; pour cela, ils portent une combinaison de protection, des gants et un masque ; d'autres conduisent des tracteurs, des bulldozers, des machines spéciales pour nettoyer. Régulièrement, un hélicoptère de la gendarmerie survole la côte. Elle commence à retrouver son aspect normal mais il y a encore des traces de mazout sur les rochers.

Depuis douze semaines, Yann et sa femme travaillent sept jours sur sept. Quand ils ne sont pas sur le bateau ou à l'école, ils nettoient la plage. Morgane et Gaël peuvent maintenant aider car c'est moins dangereux et ils le font souvent. Gaël va bien mais il met toujours un masque, des gants et une paire de bottes pour se protéger.

***

Ce jour-là, le frère et la sœur sont sur la plage.

– Bonjour, Gaël ! lui dit Lilian, son voisin. Tu vas bien ?

> **une combinaison :** vêtement qui couvre complètement le corps (il est fait d'un pantalon fixé à une veste et a souvent une capuche) ; ici, il est blanc. *Le mécanicien met sa combinaison de travail.*
>
> **survoler :** voler au-dessus d'un endroit. *L'avion survole Paris.*

– Oui, merci.

– Je vois ta mère tous les jours. Elle travaille énormément. *Nous sommes nombreux sur cette plage, c'est bien mais il y a encore beaucoup de travail !* Et tout cela coûte cher !

Comme tout le monde ici, Lilian est triste. Dans deux mois, ce sont les vacances d'été. Cette année, les touristes ne veulent pas venir en Bretagne. À la télévision, ils montrent des plages et une mer presque propres mais les gens ont peur, à cause de la pollution. En plus, ils ne peuvent pas manger les produits qu'ils aiment : les moules et les huîtres de la région. Les journaux disent que 80 % des hôtels sont libres ; normalement, à cette époque, tout est réservé. Pas de pêche, pas de tourisme. Comment vont-ils faire, les gens d'ici, pour vivre ? C'est la question que tout le monde se pose.

Gaël et sa sœur, qui sont un peu fatigués, s'assoient sur un rocher. Morgane donne un chewing-gum à la menthe à son frère.

– Cette année, les vacances se présentent mal, dit Morgane à Gaël. On ne peut pas se baigner, on ne peut pas pêcher, on ne peut pas jouer sur la plage…

– Tu as raison. Ce n'est pas super, comme programme ! Tu crois que les cousins de Paris vont venir ?

---

presque propre : quasiment impeccable. *Propre* est le contraire de *sale*.

une huître : mollusque marin très apprécié pour son goût délicat. L'huître produit des perles.

un chewing-gum : mot anglais ; gomme à mastiquer (aromatisée à la fraise, à la menthe…).

– Ohé ! Les enfants ! crie Océane.

– Oui, ils viennent chaque année !

– Oui, mais cette année, c'est différent !

– Ils ne vont pas se baigner mais ils vont aider, c'est sûr !
Ils adorent la Bretagne.

– Papa dit qu'il y a des Parisiens qui viennent le week-
end pour nettoyer les plages. C'est chouette, non ?

– Ohé ! Les enfants ! crie une voix.

C'est Océane. Elle vient s'asseoir à côté d'eux.

– J'ai une bonne nouvelle pour vous... des nouvelles de
« votre » oiseau : il est très en forme !

– Super !

– Génial ! Dis, maman, on peut le voir ?

– Voyons, Morgane ! Le centre vétérinaire n'est pas un

un Parisien : habitant de Paris.
c'est chouette (fam.) : c'est bien.

zoo. En ce moment, ils s'occupent de centaines d'oiseaux malades.

– Oui, mais lui, s'il vit... c'est grâce à nous.

– On lui donne un nom ? propose Gaël.

– D'accord... Heu... Gwenn ! En breton, ça signifie blanc, pur.

– Bonne idée, après la marée NOIRE...

– Allez, maman, on peut le voir ? insiste Morgane.

– Bon... Le vétérinaire est un ami... je peux...

Océane prend son portable, compose un numéro...

– Allô Johann ? C'est Océane...

Quelques instants plus tard :

– C'est d'accord. Demain, à l'heure du déjeuner.

– Ouais !!!

– Morgane, j'ai une idée pour les vacances..., dit Gaël.

– Ah oui ?

– Maman, une question : il y a des oiseaux mais aussi d'autres animaux au centre vétérinaire, non ?

– C'est exact. Actuellement, il y a deux **phoques**, une **baleine** et trois grands **dauphins**. Pourquoi cette question, Gaël ?

---

ouais (fam.) : oui ; ici, comme un cri d'allégresse.

un phoque : gros mammifère des mers froides, aux pattes palmées. On le chasse pour sa peau.

une baleine : cétacé. Certaines baleines mesurent 25 m de long et pèsent 150 tonnes.

un dauphin : grand animal marin ; sa tête se prolonge en forme de bec armé de dents. C'est un animal réputé pour son intelligence.

– Allô Johann ? C'est Océane…

– Je crois que les vétérinaires de cet hôpital font un travail formidable et que les gens l'ignorent. Alors, Morgane, si tu es d'accord, je te propose de créer avec moi un **site Internet** sur cet hôpital.

– Tu sais faire ça, toi ?

– Non, mais mon professeur de technologie va m'expliquer. Ce site, on va l'appeler : « L'hôpital des animaux ». C'est bien, non ? On va montrer tout le travail que les vétérinaires font pour protéger et guérir les espèces en danger et parler des animaux marins de Bretagne et d'**ailleurs** aussi. Tu es d'accord ?

– Oui, mais c'est un travail énorme !

– Les vacances sont longues... et nous connaissons une biologiste qui peut nous aider... **n'est-ce pas**, maman ?

> **un site Internet** : serveur informatique, adresse où on trouve des informations sur des thèmes précis.
>
> **ailleurs** : ici, autres lieux ou mers d'autres pays.
>
> **n'est-ce pas ?** : c'est ainsi ?

1. Entoure la(les) bonne(s) réponse(s).

a. Ils nettoient les plages : *les gendarmes – les habitants – des bénévoles.*

b. Il dit que tout ce travail coûte cher : *le voisin de Gaël – Yann – Gaël.*

c. Ils ne veulent pas venir en Bretagne : *les touristes – les cousins de Paris.*

d. Ils viennent le week-end pour nettoyer les plages : *les Parisiens – les étrangers.*

e. Cette année, en Bretagne, on ne peut pas manger : *de viande – des huîtres – des moules.*

2. Vrai ou faux ?   **V F**

a. L'oiseau sauvé par les enfants va bien.   ☐ ☐

b. Gaël et Morgane vont aller le voir.   ☐ ☐

c. Gaël veut créer un site Internet sur les plantes marines. ☐ ☐

d. Morgane n'est pas d'accord.   ☐ ☐

e. Océane va les aider.   ☐ ☐

3. Fais correspondre le début avec la fin de la phrase.

a. La télévision montre

b. Les gens ont peur

c. À cette époque,

d. Les journaux disent

e. Dans deux mois,

1. à cause de la pollution.

2. ce sont les vacances d'été.

3. des plages et une mer presque propres.

4. tout est réservé.

5. que 80 % des hôtels sont libres.

Imagine...

Un autre titre pour cette histoire.

....

Réfléchis...

a. Est-ce que tu connais d'autres types de pollution maritime ? Lesquels ?

b. Sur les plages, les touristes aussi polluent. Donne deux exemples de choses qu'il ne faut pas faire.

Donne ton opinion...

a. À ton avis, il faut condamner sévèrement les responsables d'une pollution maritime importante ?

b. Es-tu d'accord avec cette phrase : « La mer est une poubelle » ?

c. Propose des solutions pour protéger la mer de la pollution ?

Parle...

a. Tu connais d'autres exemples de catastrophes du même type ?

b. Est-ce que tu fais la différence entre une catastrophe naturelle et une catastrophe causée par l'homme ? Donne deux exemples.

c. Que fais-tu, personnellement, pour protéger la nature ? Donne des exemples.

N° d'éditeur : 10143590 – octobre 2008

Imprimé en France par EMD S.A.S. – N° d'imprimeur : 20165

page 3
L'histoire
1. a ; 2. sale - catastrophe - pétrolier - nocif - contaminer
La Bretagne
1. a ; 2. l'Atlantique - la Manche ; 3. celte 4. le breton 5. c

page 11
1. a. en Bretagne b. un port de pêche
2. a. faux (11 ans et demi) b. vrai c. vrai d. faux (elle est professeur de biologie) e. faux (des cours de mathématiques) f. faux (10 de moyenne)
3. a. 2 b. 1 c. 2

page 18
1. a. Gaël b. Morgane c. Océane d. Gaël e. Océane
2. plage - désastre - noire - taches - odeur
3. a. Le sable est recouvert de mazout. b. Les marées noires peuvent tuer les animaux, les petits comme les grands.
4. tristes - préoccupés
5. a. 2 b. 1

page 25
1. b - d
2. vétérinaire - sucre - sel - oiseau - détergent
3. a. 2 b. 1
4. a. 5 - 6 b. 2 c. 1 - 4 d. 3

page 32
1. a. mal à la tête - b. décide d'aller chez le médecin c. dans la voiture d'Océane d. il y a de l'orage e. un arbre tombe devant la voiture f. les secours g. de rentrer chez elle
2. c - e - d - a - b
3. a. 2 - 3 b. 1 - 4 - 5 - 7 c. 6

page 39
1. a. faux b. faux c. vrai d. vrai
2. a. 3 b. 1 c. 4 d. 5 e. 2
3. a. Erika - quatre cents - Finistère - Vendée b. naufrage - Prestige - côtes
4. a. va directement à l'hôpital b. une pneumonie c. s'améliore d. sans Morgane

page 46
1. a. les habitants - des bénévoles b. le voisin de Gaël c. les touristes d. les Parisiens e. des huîtres - des moules
2. a. vrai b. vrai c. faux d. faux e. vrai
3. a. 3 b. 1 c. 4 d. 5 e. 2

CORRIGÉS